BEI GRIN MACHT SICH IHR
WISSEN BEZAHLT

- Wir veröffentlichen Ihre Hausarbeit,
  Bachelor- und Masterarbeit

- Ihr eigenes eBook und Buch -
  weltweit in allen wichtigen Shops

- Verdienen Sie an jedem Verkauf

Jetzt bei www.GRIN.com hochladen
und kostenlos publizieren

Bibliografische Information der Deutschen Nationalbibliothek:

Die Deutsche Bibliothek verzeichnet diese Publikation in der Deutschen National-
bibliografie; detaillierte bibliografische Daten sind im Internet über http://dnb.d-
nb.de/ abrufbar.

Dieses Werk sowie alle darin enthaltenen einzelnen Beiträge und Abbildungen
sind urheberrechtlich geschützt. Jede Verwertung, die nicht ausdrücklich vom
Urheberrechtsschutz zugelassen ist, bedarf der vorherigen Zustimmung des Verla-
ges. Das gilt insbesondere für Vervielfältigungen, Bearbeitungen, Übersetzungen,
Mikroverfilmungen, Auswertungen durch Datenbanken und für die Einspeicherung
und Verarbeitung in elektronische Systeme. Alle Rechte, auch die des auszugsweisen
Nachdrucks, der fotomechanischen Wiedergabe (einschließlich Mikrokopie) sowie
der Auswertung durch Datenbanken oder ähnliche Einrichtungen, vorbehalten.

Impressum:

Copyright © 2015 GRIN Verlag, Open Publishing GmbH
Druck und Bindung: Books on Demand GmbH, Norderstedt Germany
ISBN: 9783668353510

Dieses Buch bei GRIN:

http://www.grin.com/de/e-book/345201/didaktik-methodik-und-medien-in-der-
erwachsenenbildung-didaktisches-handeln

Martina Kellner-Fichtl

Didaktik, Methodik und Medien in der Erwachsenenbildung. Didaktisches Handeln und Design

GRIN Verlag

GRIN - Your knowledge has value

Der GRIN Verlag publiziert seit 1998 wissenschaftliche Arbeiten von Studenten, Hochschullehrern und anderen Akademikern als eBook und gedrucktes Buch. Die Verlagswebsite www.grin.com ist die ideale Plattform zur Veröffentlichung von Hausarbeiten, Abschlussarbeiten, wissenschaftlichen Aufsätzen, Dissertationen und Fachbüchern.

Besuchen Sie uns im Internet:

http://www.grin.com/

http://www.facebook.com/grincom

http://www.twitter.com/grin_com

Einsendeaufgaben zum Modul EB 0400

„Didaktik und Methodik"

EB 0410: Didaktisches Handeln und Kommunikation in Lerngruppen (v. Felden)

EB 0420: Didaktisches Design (Siebert)

EB 0430: Methoden und Medien in der Erwachsenenbildung (Höffer-Mehlmer)

Gender-Hinweis: In meinen Ausführungen verwende ich aus Vereinfachungsgründen sowohl die männliche als auch die weibliche Form abwechselnd. Die jeweils andere Form ist miteingeschlossen.

Einsendeaufgabe 1

Planen Sie ein Seminar zu einem von ihnen gewählten Thema und mit einer von Ihnen bestimmten Zielgruppe und wenden Sie dabei die Prinzipien bildungstheoretischer Didaktik nach Klafki an.

Bei der Beantwortung der Frage orientiere ich mich an der didaktischen „Checkliste" zur Vorbereitung von Seminaren , welche Horst Siebert im Studienbrief „Didaktisches Design" erstellt hat und beziehe die Prinzipien der bildungstheoretischen Didaktik nach Klafki mit ein.

Vorerst möchte ich die Begriffe **Seminar** und **bildungstheoretische Didaktik** nach Klafki klären.

Das Seminar ist eine „Lehrveranstaltung, in der bestimmte Themen vertieft behandelt und diskutiert werden. Meist wird erwartet, dass die TeilnehmerInnen aktiv mitarbeiten, *Hausarbeiten* schreiben und *Referate* halten. Idealerweise umfassen die Gruppen nicht mehr als 20-30 Studierende. Um konzentriert an einer Sache arbeiten zu können, finden Seminare gerne als *Blockveranstaltung* und/oder außerhalb der Hochschule in irgendwelchen Tagungshäusern statt." (http://1)

In der bildungstheoretischen und kritisch konstruktiven Didaktik nach Klafki ist der Begriff „Bildung" zentral. „Bildung" wird als Fähigkeit zur Selbstbestimmung verstanden. Die Ergänzung „kritisch" besagt, dass das einzelne Subjekt zur Selbstbestimmung befähigt werden soll. Klafki ist der Praxisbezug wichtig. Die Lernenden sollen sich als Handelnde erleben und eine allgemeine Bildung für alle soll möglich sein. Dies besagt das Wort „Konstruktiv". Die Lernenden sollen an Beispielen praktisch üben, also Selbsttätig werden und dabei ist die Selbst- und Mitbestimmungsfähigkeit jedes einzelnen gefragt. Hierbei werden einzelne Themen in Zusammenhänge gestellt und fächerübergreifend unterrichtet. Es sollen Herausforderungen wie beispielsweise der Umgang mit Fremden oder soziale Ungleichheit mit einbezogen werden. Klafki hat die bildungstheoretische Didaktik in den 1980er Jahren erweitert zur kritisch-konstruktiven Didaktik. (vgl. Heide von Felden, 2014, S. 14ff). „Sich bilden heißt also in der bildungstheoretischen Didaktik:

sich Themen über Kategorien zu erschließen und durch diese Erfahrungen und Einsichten die eigene Persönlichkeit zu verändern." (Heide von Felden, 2014, S. 16)

In meinen folgenden Ausführungen beziehe ich mich, wie in der Frage erwünscht, auf die bildungstheoretische Didaktik und nehme Bezug zu den fünf Grundfragen nach Klafki.

Bei der Vorbereitung stelle ich mir Fragen zur Seminarleitung. In diesem Falle übernehme ich die Rolle des Lernbegleiters. Meine fachlichen Kompetenzen bestehen darin, dass ich ein Studium der Sozialpädagogik und Rehabilitation sowie eine Ausbildung in personenzentrierter Gesprächsführung nach Rogers usw. mitbringe. Außerdem noch ca. 15 Jahre Unterricht- und Beratungserfahrung mit Kindern, Jugendlichen und Erwachsenen. Zusätzliche Referenten zur Bearbeitung des Themas sind nicht erforderlich.

Mein Thema lautet: Wie kann ich erfolgreich personenzentrierte Elterngespräche in meiner beruflichen Praxis führen?

In Bezug auf die **Gegenwartsbedeutung** stelle ich mir die Frage: „Welche Bedeutung hat der betreffende Inhalt bereits im geistigen Leben der [Studierenden]? Welche Bedeutung soll er – vom pädagogischen Gesichtspunkt aus gesehen – darin haben?" (von Felden, 2014, S. 17) Die Studierenden haben bereits Elterngespräche geführt und somit besitzen Sie in ihrem „geistigen Leben" bereits Vorerfahrung in unterschiedlichem Ausmaß. Auch wird es von Studierendem zu Studierendem unterschiedlich gewichtet werden, je nachdem wie häufig und intensiv er die Aufgabe innehat, Elterngespräche zu führen. **Zukunftsbedeutung:** Auch zukünftig sind die Studierenden in der beruflichen Praxis immer wieder mit dem Führen von Elterngesprächen betraut. Sie benötigen Kenntnisse und Fertigkeiten sowie den Erwerb einer eigenen Haltung zu diesem Thema. Der Gegenwartsbezug soll vom pädagogischen Gesichtspunkt aus gesehen dazu dienen, praktische Beispiele einzubringen, sich das Thema dadurch leichter erschließen und die Praxis vorstellen zu können. Durch die Einsicht in die Relevanz und die Bedeutung des Lerninhalts kann die Motivation bei den Studierenden gesteigert werden (vgl. Siebert/Seidel, 2011, S. 18).

Als Zielgruppe wähle ich unsere Studierenden der Fachakademie für Heilpädagogik im 1. Semester. Dies ist bezüglich der Vorbildung eine eher homogene Gruppe, da alle Studierenden mindestens die mittlere Reife und eine Ausbildung zum Erzieher oder Heilerziehungspfleger besitzen. Die Anzahl der Berufsjahre ist sehr unterschiedlich von 1 Jahr (Mindestvoraussetzung) bis zu circa 25 Jahren. Die unterschiedlich lange Dauer der beruflichen Praxis ist für das Seminarthema von großer Bedeutung, da es sein kann, dass manche Studierende bereits viel und manche nahezu keine Erfahrung in der Führung von personenzentrierten Elterngesprächen besitzen. Die Vorkenntnisse kann ich durch einen Blick in die jeweilige Studierendenakte sowie durch persönliche Befragung feststellen. Die Fachakademie für Heilpädagogik führt bereits seit Jahren dieses Seminar durch und hat bisher gute Erfahrungen gemacht, indem die Studierenden den hohen Praxisbezug sowie die persönliche Weiterentwicklung schätzten und zurückgemeldet haben. Den **Inhalt strukturiere** ich wie folgt: Die Studierenden dürfen von eigenen Praxisfällen/Elterngesprächen berichten. Worin Sie ihrer Meinung nach bereits sicher sind und bei welchen Punkten sie noch üben möchten. Hierbei wird gleichzeitig die Reflexionsfähigkeit der Studierenden geschult. Beispielsweise wollen Sie das empathische Einfühlen und paraphrasieren nach Rogers üben. Hierdurch versuche ich die Bedürfnisse der Studierenden zu erfassen und gehe auf Themen, welche bereits durch das Vorwissen abgedeckt wurden weniger und andere neue Themenbereiche für die Studierenden vertieft ein. Dazwischen fließen, passend zu verschiedenen Beiträgen von Studierenden, Sachinformationen bezüglich der 3 Basisvariablen nach Rogers sowie dem aktiven Zuhören, dem Lebenslauf von Rogers, den Bedürfnissen von Eltern, der Auftragsklärung, dem Beziehungsaufbau, Kommunikationsstörungen, Laster der Gesprächsführung usw. ein. **Zugänglichkeit:** Von den Studierenden wird zu jeder Einheit eine Vor- und Nachbereitung erwartet indem beispielsweise zu Hause praktische Fälle zusammengestellt und der Gruppe vorgetragen werden. Ebenso können die Studierenden Gespräche aufnehmen und im Seminar werden diese bearbeitet. Es werden reale Elterngespräche reflektiert in Bezug auf die personenzentrierte Haltung beim Heilpädagogen. Ebenso zeige ich Filmausschnitte von gelungenen und weniger gelungenen Elterngesprächen und lasse diese in Kleingruppenarbeit analysieren. Wir besprechen, wie die theoretischen Inhalte in die Praxis transferiert werden können. Beispiel: Ein Studierender ist vor den Elterngesprächen oft noch „voll Gedanken in seinem Kopf" er bringt diesen nicht frei. So probieren wir im Seminar die Methode der „aktuellen Momentaufnahme". Dies bedeutet, dass der Studierende alle Gedanken in seinem Kopf fünf Minuten vor dem Gespräch verschriftlicht. Dies soll der Studierende in seiner beruflichen Praxis ausprobieren und kann in der zweiten Woche Rückmeldung über seine Erfahrungen geben. Wir besprechen herausfordernde Gesprächssituationen indem Studierende beispielsweise von Fällen berichten in welchen Eltern aggressiv, handgreiflich oder traurig wurden. Durch den Bezug zur Praxis und die eigene Schilderung kann die Motivation für die Inhalte – auch für später theoretisch folgende Inhalte- besser gebunden werden. Ebenso ist den Studierenden der Nutzen dieses Seminarinhalts für ihre berufliche Praxis bewusst. Durch eigenes Üben in Rollenspielen erhalten die Studierenden Sicherheit und Rückmeldung in Ihrer Arbeit. Durch die Exkursion in eine Beratungsstelle können die Studierenden Wissen über die Organisation und Aufgabenbereiche einer Heilpädagogin an einer Beratungsstelle erhalten. Hier wird das Interesse der Studierenden geweckt, da es ein mögliches zukünftiges Arbeitsfeld darstellen kann. Dies ist auch verbunden mit der **Zukunftsbedeutung.** Bei der **Exemplarischen Bedeutung** wird nachgefragt, welches allgemeine Problem der betreffende Inhalt erschließt? Als allgemeiner Sachverhalt soll die eigene Haltung der Studierenden in Bezug auf das Führen von personenzentrierten Elterngesprächen reflektiert werden. Es soll zur fachlichen Weiterbildung eine persönliche Entwicklung stattfinden, welche einen Prozess in der gesamten Heilpädagogenausbildung darstellt und nicht nur in den zwei Wochen stattfindet. In diesen zwei Wochen soll weiterhin an der eigenen personenzentrierten Haltung der Studierenden gearbeitet werden (vgl. von Felden, 2014, S. 17).

Die Literaturhinweise und ausgeteilten Skripten sind ebenso durchzuarbeiten. Teilnehmer welche „schwierig" sein können sind beispielsweise Studierende mit fast keiner oder sehr langer Berufserfahrung. Beide Extreme zusammenzubringen erfordert oft eine Differenzierung und den Beginn des Themas von vorne. Hier bitte ich die Studierenden im Sinne für alle, geduldig zu sein und sich in die Lage der anderen hineinzuversetzen. Dies jedoch nur partiell, da sonst Studierende mit viel Vorwissen unterfordert werden. Hier setze ich meist Gruppenarbeit ein, welche mit unterschiedlich fortgeschrittenen Themen betraut werden, welche anschließend die Ergebnisse der Gesamtgruppe vortragen. Die Gruppenzusammensetzung erfolgt nach Vorwissen bzw. Berufserfahrung in diesem Themengebiet. Hier ist die Anwendung der Gruppenarbeit sinnvoll, da eine bessere Differenzierung gegeben ist. Ebenso erachte ich Lernen durch lehren als sinnvoll, da Texte eigenständig bearbeitet, mit eigenem Wissen angereichert und anschließend präsentiert werden können. Somit können weitere Fähigkeiten in Bezug auf beispielsweise die Präsentationsfähigkeit erfahren werden. Als Aktionsformen sehe ich das praktische Üben in Rollenspielen, das Diskutieren und Reflektieren, das Zuhören sowie die Erarbeitung der Fachtexte mit Transfer in die Praxis als passend an. Als maximale Gruppengröße sind 15 Studierende geplant.

Die Veranstaltung wird in Blockform, zwei Wochen von montags bis freitags 08:30-16:00 Uhr, stattfinden. Dies ist vor allem für die Teilzeitstudierenden günstig, da diese nebenher arbeiten und Wochen weise Urlaub nehmen können. Auch haben viele Studierende einen weiten Anfahrtsweg. Die Lernräume stehen fest. Es gibt einen Kursraum und zwei weitere Räume für die Gruppenarbeiten. Im Rahmen der Vorlesung findet eine Exkursion zu einer Beratungsstelle statt, damit sich die Studierenden den organisatorischen und Inhaltlichen Ablauf einer Beratungsstelle besser vorstellen können. Die Räume sind bezüglich Medien mit Wandtafel, Whiteboard, Pinnwand, Flipchart, Beamer und OHP ausgestattet. An den Wänden befinden sich Magnetleisten. Tische und Stühle können variabel gestellt werden. Kennenlernspiele sind räumlich zwar möglich, jedoch nicht mehr nötig, da das angedachte Seminar immer gegen Ende des 1. Semesters stattfindet und sich die Studierenden bereits kennen. Die Studierenden sollen darüber reflektieren, welche Bedeutung der Inhalt des Seminars für Sie persönlich hat. Am Ende einer Blockwoche geht der Lehrende mit den Studierenden in der Mittagspause zum gemeinsamen Abschiedessen in die nahe gelegene Pizzeria. Ansonsten finden während dieser Woche Pausen nach Bedarf statt-je nachdem wie es thematisch zeitlich passt und welche Bedürfnisse die Studierenden und der Lehrende – sprich ich-äußern.

Bezüglich der Evaluation hole ich mir ein erstes schriftliches und anonymes Feedback von den Studierenden nach der ersten Woche ein, indem ich meinen Feedbackbogen ausfüllen lasse. Somit habe ich die Möglichkeit in der zweiten Woche evtl. Modifikationen vorzunehmen. Am Ende der zweiten Woche erfolgt das Abschlussfeedback in gleicher Form plus Abschlussdiskussion im Plenum. Der Praxistransfer wird unterstützt, indem die zwei Seminarwochen nicht unmittelbar aufeinander folgen, sondern ein Zeitabstand von ca. 1 Monat dazwischen liegt. Somit kann ich in der zweiten Woche auf praktische Erfahrungen der Studierenden eingehen und erfragen, welche Erfahrungen Sie mit der Anwendung der personenzentrierten Gesprächsführung in Elterngesprächen gemacht haben. Als Vorschläge zur eigenen Weiterarbeit empfehle ich den Studierenden viel in kleinen Studiengruppen praktisch zu üben, das Erlernte in ihrem beruflichen Alltag anzuwenden, dabei beständig die eigene Haltung unter die „Lupe" zu nehmen und genau zu reflektieren sowie die Literaturliste zu studieren.

Einsendeaufgabe 2

Stellen Sie sich vor, ein Teilnehmer macht durch ständige Wortbeiträge und lange Monologe immer wieder auf sich aufmerksam. Welche Möglichkeiten sehen Sie, auf diesen Teilnehmer zu reagieren?

Wenn ein Teilnehmer durch ständige Wortbeiträge und lange Monologe immer wieder auf sich aufmerksam macht, so werde ich erst mal versuchen zu erspüren, ob das Verhalten solches Ausmaß hat, dass ich mich oder ein Teil der Gruppe gestört fühle. Wenn dies nicht der Fall ist, so werde ich es nicht ansprechen oder erst dann, wenn die Gruppenbalance nicht mehr stimmt. Wenn ja, dann werde ich als Lehrperson dieses Verhalten ansprechen. In welcher Form, sprich in der Gruppe oder in einer Zwischenpause mit nur der einzelnen Person, mache ich von der Situation abhängig und von meinen bisherigen Beobachtungen der Gruppendynamik. Ich gehe jetzt davon aus, dass es sowohl einen Teil der Gruppe als auch mich persönlich stört. Klaus Antons hat negative Rollen beschrieben. Unter anderem auch die Rolle des Rivalisierenden. Dies kann auf diesen Teilnehmer zutreffen. Er definiert: „(…) Rivalisieren=Mit anderen um die produktivsten oder besten Ideen zanken, ständig am meisten sprechen, die größte Rolle spielen, die Führung an sich reißen (…)." (von Felden, 2014, S. 111f. zitiert nach Antons, 2000) Ebenso kann es auch der Versuch des Teilnehmers sein, mehr Beachtung zu erhalten. Es wird also ein Bedürfnis des Teilnehmers nicht erfüllt. Ebenso kann es sein, dass er fachliche Überlegenheit signalisieren möchte oder der Symptomträger eines Konfliktes in der Gruppe ist. Ich muss also auch mein Verhalten als Lehrperson reflektieren um feststellen zu können, ob es vielleicht an mir und meinem Handeln liegt oder welche weiteren Gründe dieses Verhalten haben kann. Denn dies hat Auswirkungen darauf, wer wann wie sein Verhalten ändern soll/kann.

Die Studierenden an der Akademie erarbeiten im Fach Gesprächsführung in den ersten Einheiten Gesprächs- und Umgangsformen für den Unterricht. Diese bleiben an der Wand des Kursraumes hängen. Wenn ich also nun einen Teilnehmer habe, welcher viel monologisiert verweise ich auf die aufgestellten Regeln.

Ich kann beispielsweise vor der Gruppe äußern, vorausgesetzt Herr X. besitzt wirklich fundiertes Fachwissen zum Thema: „Herr X. ich merke sie möchten uns viele interessante Aspekte zu diesem Thema mitteilen. Ihre Ausführungen sind interessant. Ich bemerke jedoch, dass die anderen Gruppenmitglieder ebenso dazu Stellung nehmen möchten. Da ich alle Teilnehmer zu Wort kommen lassen will, bitte ich Sie sich etwas kürzer zu fassen. Ich habe sonst die Sorge, dass ich es zeitlich nicht schaffe, das Themengebiet mit ihnen durchzusprechen." Eine Ich-Botschaft, welche die Situation beschreibt, die Auswirkungen auf mich sowie das Gefühl und den Wunsch für die Zukunft, könnte ihr eine Möglichkeit meines Handelns darstellen. Die Personen mit Namen anzusprechen zeugt von Wertschätzung. Auch kann es sein, dass es dem Vielredner gar nicht bewusst war, dass er so viel Spricht und Zeit einnimmt.

Ich als Lernbegleiter versuche mehr geschlossene Fragen zu stellen und werde bei der Organisation der Kleingruppenarbeit darauf achten, dass es Gruppen mit nur 3-4

Teilnehmern sind, da somit die Redezeit des Einzelnen erhöht und dem Bedürfnis nach Mitteilung nachgekommen wird. Kommunikation kann, wenn Sie den Gruppenprozess nicht stört auch kreative Ideen hervorbringen und ist wichtig für gemeinsame Projekte.

Ich kann ein Blitzlicht am Ende der Unterrichtseinheit ermöglichen. Und die Teilnehmer darum bitten, sich kurz reihum dazu zu äußern wie sie die heutigen Wortbeiträge und die dazu gehörige Gruppendynamik empfunden haben. Es kann sein, dass sich ein Teilnehmer, welcher sich gestört gefühlt hat das störende Verhalten des Anderen rückmeldet. Hier bin ich als Lehrender jedoch darauf angewiesen, dass es von einem anderen Teilnehmer angesprochen wird.

Oder ich wähle wie bereits beschrieben eine Ich-Botschaft und bitte im Anschluss daran die Gruppe gemeinsam sich abzustimmen, wie Sie mit zu langen Wortbeiträgen weiter verfahren möchten. Dies kann in einem gemeinsamen offenen Gespräch stattfinden welches die Regeln der Wertschätzung beachten soll. Die Gruppe kann per Brainstorming Ideen sammeln. Z.B. Wortbeiträge begrenzen auf 3 Minuten, gelbe und rote Karte einführen, gruppenbestimmt in der jeweiligen Situation entscheiden usw. . Die Sammlung erfolgt ohne Wertung was realistisch oder umsetzbar ist. Anschließend kann sich die Gruppe für eine Idee entscheiden, welche evtl. groß auf ein Flipchart geschrieben, an die Wand gehängt wird.

Eine weitere Möglichkeit wäre zu diesem Thema eine Kleingruppenarbeit durchführen zu lassen. Somit haben mehrere Teilnehmer die Möglichkeit untereinander zu Wort zu kommen. Bei der Gruppenzusammensetzung achte ich darauf, dass in die Gruppe des „Vielredners" nicht nur die ruhigen „Nichts Sager" sitzen. In der Gruppe mit dem Teilnehmer, welcher sehr viel gesprochen hat, werde ich als Lernbegleiter besonders achtsam sein und bei Bedarf, nach vorheriger Rücksprache mit der Kleingruppe kurz unterbrechen zu dürfen, eine Ich-Botschaft anbringen. Somit haben alle die Möglichkeit zu Wort zu kommen und lernen evtl. eine neue Sozialform – die Kleingruppenarbeit sowie wertschätzenden Umgang untereinander (Lernen am Modell) kennen.

In dem Fach Gesprächsführung, welches ich unterrichte, werden viele Kleingruppenübungen durchgeführt. Wenn Gesprächs- bzw. Diskussionsbedarf zum Thema bei mehreren Teilnehmern besteht und nicht nur bei einem vorhanden ist, mache ich ab und an eine 5minütige Murmelrunde. Dies bedeutet dass sich die Teilnehmer leise 5 Minuten zu dem derzeitigen Thema austauschen dürfen. Anschließend werden die Inhalte im Plenum abgerundet.

Ebenso ist es möglich eine Kleingruppenübung mit genau festgelegtem Ablauf, Aufgaben und Zeiten zu vergeben. Beispielsweise: „Führen Sie bitte zu dritt ein personenzentriertes Gespräch unter Beachtung der 3 Rogers Variablen. Eine Person ist Klient mit einem realen Anliegen, eine Person Berater und eine Beobachter. Ein Durchgang dauert mit anschließender Reflexion ca. 20 Minuten, dann wird getauscht , so dass jede Person jede Rolle einmal inne hatte." Dies ermöglicht jedem Teilnehmer in jeder Rolle zu üben. Auch ruhigere Teilnehmer welche sich sonst eine zu lange redende

Person nicht unterbrechen trauen, tun sich hiermit leichter, da sie sich auf die Übungsanweisung berufen können.

Oder ich komme dem Bedürfnis des Teilnehmers nach mehr Beachtung nach und äußere: „Herr X. ich stelle fest, sie besitzen in diesem Themengebiet viel Hintergrundwissen. Haben sie Interesse daran und ist es für Sie als Gruppe in Ordnung, wenn uns Herr X. in einer der nächsten Einheiten zu diesem Thema in referierender Weise etwas vorträgt?" Wenn dies der Teilnehmer und die Gruppe „wirklich" bejahen, dann ist dem Bedürfnis des Teilnehmers und der Gruppe Rechnung getragen. Vorausgesetzt, es ist der Gruppendynamik und thematisch förderlich sowie zeitlich machbar und die anderen Teilnehmer denken nicht: „Oh man jetzt bekommt er auch noch mehr Zeit um uns vollzureden und wir kommen nicht zu Wort."

Einsendeaufgabe 3

Begründen Sie Vor- und Nachteile

    a.) Eines Frontalunterrichts und
    b.) Von Kleingruppenarbeit.

Nennen Sie bitte Beispiele.

Im Folgenden nehme ich eine vergleichende Betrachtungsweise des Frontalunterrichts und der Kleingruppenarbeit vor und gebe Beispiele hierfür.

„Frontalunterricht hat bei entsprechender Vorbereitung und entsprechendem didaktischen Können den großen Vorteil einer klaren Zielsetzung, Aufgliederung und Darbietung des Stoffes bei gleichzeitiger direkter Kontrolle des Ablaufs." (Siebert, 2012, S. 19 zitiert nach Roth, 2011, S. 298) Dieses Zitat beinhaltet einige der Vorteile des Frontalunterrichts. Jedoch ist auch darauf zu achten, dass das unterschiedliche Vorwissen der Teilnehmer berücksichtigt wird. Ebenso kann es nachteilig sein, wenn zu lange Frontalunterricht ohne Methodenwechsel stattfindet, da die Konzentration bei Erwachsenen nach 20 Minuten abnimmt (vgl. Siebert, 2012, S. 19). Beim Frontalunterricht werden Wissensinhalte über Sprache an den gesamten Klassenverband übermittelt. Er stellt eine einfache Methode dar, bei welcher die Lehrperson die Kommunikation und Wissensvermittlung lenkt. Diese Methode ist beispielsweise gut geeignet für die Vermittlung von mathematischen Formeln, englischen Verben usw. . Auch ist die Vorbereitung einer Einheit mit der Methode Frontalunterricht meist zeitlich weniger aufwändig als die Vorbereitung mittels Kleingruppenarbeit. Denn es entfällt beispielsweise die Erstellung verschiedener Arbeitsaufträge für die Kleingruppenarbeit und die Vorbereitung weiterer Materialien wie Folien, Stifte… welche bei der evtl. anschließenden Präsentation der Ergebnisse benötigt werden. Dies bedeutet zugleich, dass der Frontalunterricht auch preislich günstiger sein kann, da keine bis wenig Materialien wie Stifte, Folien, Flipchart, Moderationskarten usw. benötigt werden. „Der Vortrag kann inhaltlich wie formal genauer vorbereitet werden als ein Stegreifbeitrag." (Höffer-Mehlmer, 2014, S. 75) Der Lehrende muss sich Gedanken machen, wie er seine Teilnehmer motivieren kann zuzuhören und sich miteinzubringen. Wie das Wissen trotz „nur Sprache" hängen bleibt. Indem beispielsweise mehrere Sinne angesprochen werden und Bilder miteinbezogen werden – auditiv und visuell. Ein weiterer Vorteil ist, dass die Lehrperson das gesamte Kursgeschehen im Blick hat und erkennen kann, wann ein Teilnehmer gedanklich an- oder abwesend ist. Ebenso kann das Engagement des Lehrenden das Interesse der Teilnehmenden wecken (vgl. Höffer-Mehlmer, 2014, S. 76). Er kann motivierend darauf eingehen und kann bei Bedarf beispielsweise die Person mit Namen ansprechen und sagen: „Ich merke Sie möchten uns was mitteilen. Wenn Sie dies möchten, so haben sie nun Zeit hierfür." Der Lehrende hat einen besseren Überblick über die Teilnehmeraufmerksamkeit. Auch entspricht der Frontalunterricht den Erfahrungen der Teilnehmer. Die Teilnehmer möchten „handfeste" Informationen vermittelt bekommen (vgl. Höffer-Mehlmer, 2014, S. 76). Die Vermittlung reinen Wissens ist durch den Frontalunterricht gut machbar. Der

Frontalunterricht ermöglicht es dem Lehrenden die Kursteilnehmer auf einen ähnlichen Wissensstand zu bringen. Ich wähle das Wort ähnlichem Wissensstand deshalb, da jedes Subjekt seine eigene Deutungswelt besitzt und Wissen anders aufnimmt oder an sein bisheriges Wissen anknüpft. „Man kann einen systematischen und – falls gut gemacht – anschaulichen Überblick über ein Gebiet geben." (Höffer-Mehlmer, 2014, S. 76) Was vor allem zu Beginn eines neuen Themengebiets von Vorteil sein kann, damit anschließend eine Basis für effektives Weiterarbeiten bei allen Teilnehmern vorhanden ist. Die Teilnehmer können umfassend informiert werden und durch Mimik und Gestik sowie die Ansprache mehrerer Sinne kann der Lehrende die Zuhörenden aktiv am Geschehen halten. Durch gemeinsames üben und wiederholen von beispielsweise Vokabeln kann auch die Kursgemeinschaft gestärkt werden.

Ein möglicher Nachteil ist, dass der demokratische Umgang miteinander leidet indem die Lehrperson viel Druck ausübt um die Teilnehmer zu motivieren, dass diese zuhören. Dies kann beispielsweise dann geschehen, wenn der Lehrende betont sagt: „Merken Sie sich diese Inhalte besonders gut, da dies ein Teilgebiet der Abschlussprüfung darstellt oder in der nächste mündlichen Abfrage beinhaltet sein kann." Hier wird die extrinsische Motivation der Teilnehmenden zum Vorschein kommen, jedoch nicht die von innen heraus kommende Motivation (intrinsische Motivation). Der Frontalunterricht kann auch gegen die gleiche Wissensbasis sprechen, da wie oben erwähnt, es auch sein kann, dass auf Grund der verschiedenen Deutungsmuster der Subjekte, es gar nicht möglich ist, alle Teilnehmer auf einen gleichen Wissensstand zu bringen. In wie weit es möglich ist die Teilnehmer auf einen ähnlichen Wissensstand zu bringen hängt auch davon ab, welche gleiche Vorbildung beispielsweise Grundausbildung die Teilnehmer besitzen. Diese Tatsache wird von unterschiedlichen Vertretern auch verschieden bewertet. „Die große Informationsdichte, die ein Vortrag haben kann, muss nicht unbedingt von Vorteil sein, sondern kann auch überfordern." (Höffer-Mehlmer, 2014, S. 76) Dies ist beispielsweise vor allem dann gegeben, wenn der Wissensstand der Teilnehmer sehr inhomogen ist. Es kann auch das Gegenteil der Fall sein, je nach Vorwissen der Teilnehmer, dass ein anschaulicher Vortrag im Frontalunterricht diese unterfordert (vgl. Höffer-Mehlmer, 2014, S. 76). Im Frontalunterricht können soziale Fähigkeiten wie beispielsweise Kommunikations- und Organisationsfähigkeit nicht so gut trainiert werden wie mit mehreren Teilnehmern in einer Kleingruppe. Auch wird das eigene Tun minimiert und eine Konsumentenhaltung entsteht. Die Teilnehmenden hören „passiv" zu was leichter zur Ermüdung führen kann, als wenn ich beispielsweise Kleingruppen bilden lasse, welche sich örtlich in ein anderes Zimmer begeben, ihre Beiträge selbst schriftlich zusammenfassen und präsentieren dürfen. Die Gruppenarbeit bietet die Möglichkeit, dass jeder Teilnehmer seine Potenziale in die Gruppe einbringt und sich diese im besten Falle gegenseitig ergänzen. Die Gruppenarbeit stellt weniger kognitive Belastung dar als der Frontalunterricht (vgl. Siebert, 2012, S. 19 zitiert nach Roth 2011, S. 299). Dies kann also einen Vorteil in der Kleingruppenarbeit darstellen. Die Teilnehmenden werden selbst aktiv. Alles was selbst erarbeitet wird, wird auch länger im Gedächtnis behalten. Es kann jedoch auch sein, dass durch die geringere kognitive Belastung auch ein geringerer Wirkungsgrad festzustellen ist (vgl. ebd., S. 299). Ebenso werden bei den gemeinsamen Diskussionen in der Gruppe die sozialen Fähigkeiten gefördert. Indem eine Person zusätzlich auf die Zeit und den Ablauf achtet, eine weitere Person, dass nicht vom Thema abgeschweift wird und das zur Verfügung stehende Material sinnvoll eingesetzt wird, werden auch wie oben beschrieben soziale Kompetenzen gefördert. Bei der Kleingruppenarbeit wird ein Klassenverband für bestimmte Zeit in Kleingruppen von maximal fünf Teilnehmenden aufgeteilt. Hierbei erhält jede Kleingruppe einen eigenständigen Arbeitsauftrag bei welchem das Gesamtergebnis anschließend gesichert werden soll. Dies kann im gleichen oder in mehreren Räumen stattfinden. Durch die gemeinsame Aufgabenstellung zum derzeitigen Thema kann die Kooperations- sowie die gemeinsame Problemlösefähigkeit gestärkt werden. Bei Kleingruppenarbeit ist eine Differenzierung nach Schwierigkeitsgrad möglich, welche sich besser an den Bedürfnissen der Teilnehmer orientiert. So kann beispielsweise an jede Kleingruppe ein anderer Arbeitsauftrag erteilt werden, einmal Schwierigkeitsgrad Eins, Zwei und Drei . Die Kleingruppenarbeit kann flexibel gestaltet werden indem beispielsweise auch das Gruppenpuzzle oder die Gruppenrecherche zum Einsatz kommen. Oft trauen sich zurückhaltende Teilnehmer in Kleingruppenarbeit mehr zu reden als in einer großen Gruppe. Und ein persönlicheres Kennenlernen der Teilnehmer untereinander ist möglich. Ebenso ist die Redezeit des Einzelnen durch die geringe Personenzahl erhöht. Durch kleine Gruppen wird die Eigentätigkeit gefördert, da jede Person zum gemeinsamen Ergebnis beitragen darf. Wichtig ist hierbei, dass sich die Lehrperson zurückhält und in der Lage ist, auf die Fähigkeiten der Teilnehmer zu vertrauen und selbst „Autorität" abgeben kann. Nachteilig kann die Form der Gruppenarbeit sein, da die Gefahr von Konflikten höher ist als beim Frontalunterricht. Denn es müssen sich beispielsweise 5 Personen darüber einigen, wie sie ihr Ergebnis mit welchen Medien präsentieren möchten. Gleichzeitig kann dies auch wieder einen Vorteil darstellen, da die Teilnehmer lernen mit Konflikten umzugehen, sich abzustimmen und dadurch ein neuer Lernprozess in Gang kommt. Nachteilig kann sich auch der „Ringelmann-Effekt" auswirken. Dies bedeutet, dass von 5 Personen beispielsweise nur 3 Personen aktiv an der Ergebnissicherung arbeiten und 2 Personen mit dem Handy spielen oder gedanklich abwesend sind, sich also des „sozialen Faulenzens" bedienen, da der Beitrag des Einzelnen nicht zu erkennen ist (vgl. Höffer-Mehlmer, 2014, S. 87).

Sowohl der Frontalunterricht als auch die Kleingruppenarbeit haben ihre Berechtigung. Jedoch ist darauf zu achten, wann welche Großform sinnvoller geeignet erscheint.

Einsendeaufgabe 4

Stellen Sie eine Checkliste für Moderationen zusammen. Unterscheiden Sie dabei Hauptgesichtspunkte und Detailaspekte. Notieren Sie einige Beispiele für über diese „Pflichtaspekte" hinausgehende Kür-Leistungen.

Das Moderieren „...ist eine ausgeprägte Form teilnehmerzentrierter Methoden. Beim Moderieren sollen Beiträge von Teilnehmern in Veranstaltungen der Erwachsenenbildung eingebracht, strukturiert und bearbeitet werden." (Höffer-Mehlmer, 2014, S. 93 zitiert nach FULEDA, 2003, S. 4)

Die Hauptgesichtspunkte der Moderation bestehen aus einer Anfangs-, einer Arbeits- oder Diskussionsphase sowie einer Abschlussphase.

Checkliste

Anfangsphase/Hauptgesichtspunkt

Detailaspekte:

-Teilnehmer begrüßen

-Vorgehensweise erläutern: Inhaltliche und formale Regeln deutlich machen wie beispielsweise das Thema vorstellen und den Zeitbedarf festlegen

-Gesprächsregeln, falls nicht bekannt, mitteilen

-Die Diskussion in Gang bringen-beispielsweise mit einer offenen Frage oder einem kontroversen Standpunkt eines Teilnehmers

Hauptphase/Hauptgesichtspunkt

Detailaspekte:

-Sich als Moderator für eine Vorgehensweise entscheiden. Es kann eine Agenda mit zu bearbeitenden Punkten erstellt werden, die Anwendung des Dreischritts oder in der Reihenfolge ablaufenden Klage-, Lob- und Vorschlagsrunden Handlungsalternativen für bestimmte Herausforderungen durchgehen.

-Moderator übt sich in Neutralität und Zurückhaltung

-Teilnehmer, welche noch nicht zu Wort gekommen ist aufrufen

-bei Themenabschweifungen wieder zum Thema zurückführen

-für eine angemessene Gesprächsatmosphäre sorgen

-wertschätzend mit den Beiträgen der Teilnehmer umgehen

-evtl. Fachbegriffe für alle erklären

-passende Fragen stellen um den Prozess am Laufen zu halten und Ziele zu erreichen. PAKKO-Prinzip beachten d.h. „[…]Fragen sollen persönlich, aktivierend, kurz, konkret und offen sein […] ." (Höffer-Mehlmer, 2014, S. 94) (meist offene Fragen sinnvoll; kurze und klare Fragen; evtl. auch Suggestivfragen oder hypothetische Fragen)

-Beständig aktives Zuhören praktizieren und Standpunkte von Teilnehmern in paraphrasierter Weise zusammenfassen

-Zur Steigerung der Konzentration und Ergebnissicherung Visualisierungstechniken für alle sichtbar, verwenden (evtl. durch Moderator Zurufliste erstellen oder Teilnehmer Standpunkt skizzieren lassen auf Flipchart, …)

Abschlussphase/Hauptgesichtspunkt

Detailaspekte

-Positiver Abschluss: Moderator dankt für die Beiträge der einzelnen Teilnehmer

-Moderator zieht ein abschließendes Statement bzw. fasst kurz zusammen

-Moderator sichert, evtl. gemeinsam mit Teilnehmern, das Ergebniss in schriftlicher Form

-evtl. werden weitere Termine für unerledigte Themen absprechen

(vgl. Höffer-Mehlmer, 2014, S. 93ff)

Mögliche Kürleistungen können sein:

Die Anwendung der Methoden Zukunftswerkstatt, Mind Mapping, Metaplantechnik, Zukunftskonferenz, Open Space, World Cafe usw. können mögliche Kürleistungen sein.

Bei der Methode Zukunftswerkstatt wird in drei Schritten vorgegangen. Als erstes werden alle Beschwerdepunkte zum Thema notiert und geordnet. In einer zweiten Fantasiephase sollen fantasievolle Lösungsideen eingebracht werden ohne diese zu bewerten. Und in der Praxisphase werden die gebrachten Vorschläge auf Ihre Realisierbarkeit hin eingeschätzt (vgl. Höffer-Mehlmer, 2014, S. 95).

Bei der Methode World Cafe. Die Gruppe wird in 4-5 Personen aufgeteilt und um eine Kaffeetafel gruppiert. Durch das zwanglose Gespräch können Ideen zum gemeinsamen Thema entstehen, welche auf der beschreibbaren Tischdecke notiert werden. Nach jeder Gesprächsrunde wechseln die Teilnehmer. Nur der Gastgeber-eine Person- bleibt am Tisch und erklärt die bereits entstandenen Ideen. Neue Beiträge werden mitaufgenommen. Am Ende werden die wichtigsten Erkenntnisse im Plenum vorgestellt und die Tischdecken dienen als Medium (vgl. Höffer-Mehlmer, 2014, S. 97).

Bei der Metaplantechnik werden die beschriebenen Karten an einer Pinnwand sortiert und geclustert sowie mit passenden Überschriften versehen. Gleich Punkte werden zusammengefasst zu einem um einen für alle sichtbaren Überblick zu gewährleisten.

Literaturverzeichnis

Höffer-Mehlmer, M.: Methoden und Medien in der Erwachsenenbildung. 1. Auflage. Kaiserslautern 2014.

Siebert, H.: Didaktisches Design. 3., aktualisierte und überarbeitete Auflage. Kaiserslautern 2012.

von Felden, H.: Didaktisches Handeln und Kommunikation in Lerngruppen. 2., aktualisierte Auflage. Kaiserslautern 2014.

Internetquelle

http://1: URL: http:// www.studis-online.de/StudInfo/Glossar/Seminar.php, (Stand: 10.11.2014, 10:40 Uhr)

BEI GRIN MACHT SICH IHR WISSEN BEZAHLT

- Wir veröffentlichen Ihre Hausarbeit, Bachelor- und Masterarbeit

- Ihr eigenes eBook und Buch - weltweit in allen wichtigen Shops

- Verdienen Sie an jedem Verkauf

Jetzt bei www.GRIN.com hochladen und kostenlos publizieren